JN440390

11월엔 그냥 젖고 싶어

지은이 문무병
펴낸이 박경훈
펴낸곳 도서출판 각

초판 인쇄 2013년 11월 12일
초판 발행 2013년 11월 17일

도서출판 각
주소 (690-809) 제주특별자치도 제주시 삼도2동 108-16 2층
전화 064 · 725 · 4410
팩스 064 · 759 · 4410
등록번호 제80호
등록일 1999년 2월 3일

ISBN 978-89-6208-098-8 03810

값 8,000원

문무병 세 번째 시집

11월엔 그냥 젖고 싶어

도서출판
GAK

로사에게

내가 쓴 시는
흔들리는 가을의 억새꽃이어도,
겨울의 돔박새 울음이어도 좋겠다.
흉을 보려니 하얗게 없고,
칭찬하기엔 너무 처량한 노래.
삼류로 노래하지만 버릴 것도 없는
청이슬 같은 당신 사랑이었음 좋겠다.

문무병 세 번째 시집

11월엔 그냥 젖고 싶어

1부

2부

3부

1부

시인은 현상 속에 감춰진 본질을 드러내고, 화장 뒤에 숨겨진 민낯을 보여주는 사람이다. 그래서 하느님이 세계를 창조했다면 시인은 세계의 이면을 그려낸다. 문무병이 상징과 은유의 그물로 건져올린 물고기는 인간의 내면 풍경과 사물의 참된 모습이다.
한때 연극배우였던 그의 시에는 피에로의 페이소스가 어른거린다.
그러나 한편으로 고단한 인생을 어떻게 극복해 나가야 하는가를 치열하게 가르쳐 준다.

장일홍(극작가)

당신에게

당신은 오래전에 꽃이 되었는데
지금도 난 꽃이 될 수 없습니다.
당신은 늘 향기롭게 침묵하는데
나는 감각으로 말을 걸고,
투정하고, 가끔은 울기도 한답니다.
살아있는 슬픔 때문에
버릇처럼 시를 쓰다가
이게 아닌데 하며 다시 생각할 때
외로운 내게 당신이 보입니다.
여전히 아름다우니
세상을 떠난 거라고
무정한 당신에게 정겹게 말을 건네지만
향기만 그윽히 지나가고
나 쓸쓸히 감각으로 말은 하지만
조금씩, 희미하게
지워지고 있었습니다.
당신과 나

나를 만드는 그늘*

그늘은
깊었다.
짙은 슬픔이었다.
어쩌면 그건 단순한
제주 사방을 흔드는 억새의 반란,
하얗게 흔들리는 바람이었다.
어젯밤 꿈대로라면,
당신의 발자국 소리 없이 지나가고
비 그친 뒤, 안개 속에 그림자
올 가을의 꿈속으로 걸어가다
오늘 한라산,
나부끼는 겨울 눈발 속,
아니야, 바다 저편 절고개** 물거품
오랜 추억 속에 묻어 두었던
무적 소리 길게 울리고,
의미 없이 부서져 버린 신기루,
늘 부서져버린 그리움,
더는 보일 수 없는 나의 그늘,
비새가 울고 간 하늘 연못에

갈앉은 투명한 그늘,
끝없이 타오르는 불꽃보다는
따스하게 젖어있는 그리움,
'낭그늘' 이었다.

* 나에게 그늘이 있다면, 나를 만드는 그늘은 미학의 바탕인 한이요, 예술의 원천인 흰 그늘이요, 언제나 나에게 쉼터를 제공하는 인생의 나무 그늘, 철학으로 말하면, 감성의 핏속을 흐르는 낭만의 그늘, 바로 그 '낭그늘' 이었다.

** 큰 파도.

남아있는 청춘의 날들을 위하여

쉰 끝자락에 아직은 청춘이라며
내 손을 꼭 잡는 연인 같은 친구여.
남은 날 같이 손잡고
연인처럼 친구처럼 살자는 당신의 뜻이
정말 고마웠어요.

낭만을 위하여,
남아있는 청춘의 날들을 위하여
흔들립시다. 자유롭게 흔들립시다.
따뜻하고 여유 있고 넉넉하게
남아있는 낭만과 청춘을 노래하며
사랑을 노래하며 여기까지 왔으니,

친구여,
쉰에서 쉰아홉 청춘을 버리지 않은 그대여,
다시 사랑을 시작해도 좋은 그런 날들이
끝없이 이어지다 어느 바람 부는 날,
저승에서 죽음을 접수하러 온 차사의 붉은 편지를 보고
미련 없이 떠날 수도 있는

정말 그런 온전한 날들이 남아있다면,
남아있는 청춘의 날들을 위하여
당신에게 정말 진하고 따뜻한 한 잔의 커피 같은
아름다운 사랑의 편지를 쓰고 싶습니다.

마지막
마침표가 두드러진
당신에게 다가가는
연서.

지중해(地中海)

이발소 그림 같아도
너무 정겨워 버릴 수 없는 시,
당신을 미치게 사로잡는 시,
당신을 향한 내 사랑, 내 마음 같은
그런 따뜻한 시를 써
당신에게 드리고 싶었어요.

당신에게 술을 따르는
여기는 친구들 모여 술을 마시니
그냥 아름다운 바다가 된 술의 바다.
밤마다 신시(神市)가 서는 술집 지중해(地中海).
바다를 옮겨 놓고 술을 파는 주모는
곱진 않아도 정말 따뜻한 여자,
늘 온갖 그리움 모아 낭만을 노래하는 그대는
선술집 〈지중해〉의 음유시인.

무진장 술을 마셔도
친구 잡혀 튀지 않아도 될 정겨운 술집,
마셨다 하면, 이백처럼 3백 잔은 마시고,

무릉도원 가는 길에 잠시
동북으로 동남2차 아파트
서북으로 서해2차 아파트
남남으로 신천지 아파트 땅 가르고, 물 갈라,
3대륙을 뚫고 흐르는 물길 따라
갈매기 떼 지어 와 하얗게 낙서하고 떠나는
빌딩 숲 비양도(飛洋島), 또비양*에서 만난 술꾼이여.
서글픈 광대 시인이여.

바람으로 왔다 간다네. 우린,
절 고비 넘다 바다 용궁 무우남[珊瑚樹] 윗가지에 걸려
기다려도 오지 않는 용왕의 셋째 딸을 기다리는
제주 숫붕이들이여, 욕 안 타는 정이어신 정수남이여,
온몸으로 반성하는 술의 바다여,
아, 지중해의 블루스여.
〈신시 지중해〉여, 낭만의 바다여.

* 비양도, 우도에 있는 또 다른 비양도.

술집 〈풀〉의 여자

집 앞 길가의 작은 카페〈풀〉은
사말오초四末五初의 혼자된 여자들 모여
칙칙한 외로움 말리고, 때로는 그녀들과
오빠 동생하는 동네 백수들 시간을 죽이며
병맥주 세 병은 먹고 가는 장사는 안 되지만
정겹고 쓸쓸한 주점.

나 또한 그들과 벗이 되어
쓸쓸하고 외로웠으며 때론 위안을 받았지.
말로는 몸과 마음 다 주겠다는
맘 좋은 카페〈풀〉의 주인 숙희는
여학교 때, 깡순이, 여자 깡패라 소문난 여자.
지금은 외로운 사내의 진한 농담 받는 주모,
나에게는 사랑을 줄듯 따뜻하게 다가오는 여자,
나라면 언제든지 받아주겠다는
무조건의 사랑 약속 때문에 더욱
외로움만 확인하게 하는 그녀는
오늘도 유혹처럼 하얗게 웃는다.

아, 내 이사 와 삼 년이 지났고,
인사도 나누며 조용할 땐 외로움 통째로 맡겨
거침없이 농담도 나누며 다짐도 해본다.
당신과 난 친구냐 연인이냐 하며 오늘도
맘대로 정들지 못하고 들풀처럼 흔들리는데,
언제나 줄듯하다 도로 집어넣어버리는
마음들을 확인하며 그녀의
열리지 않는 마음의 문을 두드린다.

11월엔 그냥 젖고 싶어

늦은 가을
꿈도 바람맞은 날,
아침에 찬비 내렸고, 그녀에게서
저녁에 만나자는 기별이 왔다.
정말 빠르게 하루가 가는 운 좋은 날이었다.
바람 타는 그녀와 만나면
바람아 어쩌지 하며,
곶자왈 오름 밭 억새 숲길 걸으며
11월은 그냥 조용히 젖고 싶다.

산 억새는
종교처럼 그윽하게 바람에 흔들리고
올 가을은 바람아,
내 코트 깃에 묻은, 감성의 시편들,
당신과 함께한 세월의 낙서,
지워지지 않는 낭만의 바이러스
11월은 비에 젖어 그냥 가게 내버려두렴.

바람을 만나면 바람에 불리고

비를 만나면 비에 젖으며
떨리는 마음 그냥 버려두게.
그대를 닮은 '낭그늘' 의 연인이여.
오늘은 연서를 받고 가슴 떨리는
바람에게 전하는 말, 청춘의 날들을 헤며
당신께 다시 쓰는 연서처럼 비는 내리고,
올해도 꿈 근처를 서성거리며 사랑한다는 말 한마디
전할 수 없는 수천 겹 어둠 쌓여 있으니
아, 바람이여
11월의 밤 빗속을 당신과 함께 젖고 싶구나.

올 가을엔 꿈을 꿔도 될까요

또 한 해 바람으로 살았으니,
흔들리는 마음 독하게 다스리며 살겠다고,
9월의 둘째 일요일 태풍의 길목에서 나는
당신을 꿈꾸지 말자는 메모를 남기고
나 멀리 떠나려 했지만, 갈 곳이 없었습니다.
꿈을 버리니, 삭막했어요. 시는 더욱 멀어집디다. 그래서
오늘은 태풍의 끝을 붙잡고 가을 여행을 준비합니다.
쓸쓸함이 묻어있는 시 한 편 남기고 충청도쯤 갔다가
당신이 그래도 그리워지면, 돌아올게요.
늘 떠날 준비를 하고 있으면, 문득 혁명처럼 다가오는
그런 행운이 있을 것 같아 급히 몇 자 적습니다.
기다렸어요. 당신의 안부와 늘 건재하다는 가을 소식을,
시가 잡히지 않아요. 요술처럼 시를 쓰는 술꾼들 곁에서
시의 거짓말을 보며 슬픔이 밀려왔어요.
낭만의 그늘에 누워 세상을 버리는 연습을 하며,
한 여자의 껍질만 사랑하며 내일을 붙잡으니 세상사람 다 됐지요.
오늘부터는 당신의 새로운 낙서를 사랑할까 합니다.
당신의 진실과 의미를 접어두고,
지겨운 껍질과 형식 그리고 허영까지 사랑하여

글자를 거꾸로 쓰는 그대의 버릇과 같은 가을 나들이
내가 사랑한 가을 코스모스는 십 년도 더 전에 바람이 되어
허무를 다스리는 꿈으로 피어나고 있지요.
사랑하고 너무 오래 머문다는 건 모래성을 쌓는 것 같아
바람에게 물어봤어요.
올 가을은 꿈을 꿔도 될까요.

땅꽃

땅엔
작은 꽃
채송화 피고,
채송화 꽃 세상 찾아
물길로 떠난 주말여행이
너무 행복하다는 시인이
제주에 살고 있습니다.

그리고
시로 쓸 수 없이 너무 큰
설문대할망 이야기
가슴에 품어 행복한 줄 모르는
그의 친구도
제주에 살고 있습니다.

작고 소중한
채송화 사랑,
내가 기다리는 당신,
오지 않을지도 모르는

채송화.
당신,

바람과 물결에 관한 명상 1

그대 가을을 떠도는 바람인가 했더니
그대는 안개 없이도 보이지 않는다. 다만
넝마처럼 펄럭이는 저들이 있을 뿐이다.
꽃은 꽃이다.
바람은 바람이라는
의미를 지워버린
세기말의 슬픔들이 있을 뿐이다.
하얗게 무너지고 있을 뿐이다.
세상을 가리는 안개에 묻혀,
다시 한번, 맨살로 서 있는 그대,
가을을 떠도는 바람인가 했더니
어둠과 눈물로 사랑 지우고,
무적 우는 바다에 솟대처럼 떠있구나.
잠시 스치는 바람인 것을
찬이슬 한 방울로 떨어져,
노란 은행잎으로 날아와, 뒹구는데
아, 가을을 떠도는 바람,
비명에 간 사람, 등 뒤에 서서
노래 부른다. 낙엽 구르고,

무정한 사람 돌이 되어,
서서 나를 본다.
돌이 된 세상을 노래한다.
저 너머 산에는 꽃이 피었네.
저 너머 산에는 꽃이 지네.
바람이던가, 잠시 스쳐 지나가는
바람은 길이 없어도 왔다가 간다.
나는 길 가운데 서 있다.

꽃이 된 사람

오늘은 첫눈이 오는 날로 기억되기 바랍니다.
꽃이 되어 내게로 오신 당신을 한없이 감사하며
산에 눈이 쌓여 산을 넘을 수 없다는
산남의 친구들은 빈자리로 놔두고
산북의 친구들 여기 눈을 밟고 와서
꽃이 되어, 가끔은 눈물이 되어
눈꽃 피는 마을 어둠 속에 자그마한 촛불을 켜고
우리들 어렸을 때 살던
실직하여 아무 욕심 없이 살던
철모르는 아이들과 창밖을 보며
눈 위에 누워서 아이들에게 옛이야기 들려주던
그런 시간들을 회상하기도 하였습니다.
당신이 내게로 와서 꽃이 되었으니
내 한없이 기쁨과 감격의 눈물 흘릴 수 있지만
너무 부끄러워 가슴이 뜨거워집니다.
당신은 분명 우리들 아름다운 시절의 동반자입니다.
반드시 이별의 시간은 또 올 겁니다.
세월이 흘러 당신이 없는 빈자리에
오늘처럼 첫눈이 내리면,

나는 당신의 그림자를 밟으며 꽃이 되어
타다 남은 눈물, 연민이겠지만
버릴 수 없었던 것들을
당신에게 드리고 싶습니다.
내가 꽃이 되어
당신의 작은 가슴에 안겨 드리겠습니다.

이제부터

이제부터야
50줄에 겪는
처절한 고독은
이제부터야
황야의 들개처럼
싸늘하게
이마를 물어뜯는 어둠 속
세상에서 서서히 버려지며
죽음이 다가오고 있다는 걸
깨달으면서, 이제부터는
버려진 시간들
차곡차곡 챙기고
막차를 기다리며
어디론가 부지런히 전화를 걸며
아무도 없는
지극히 공허한
어둠을 걸어가야 하는
이제부터는 굳게,
죽음이 나를 감싸 안을 때까지

문을 걸어 잠가야지.
늦었지만
이제부터는
처절한 고독을
사랑해야지

나의 소설

물론 나는 철학자가 아닙니다.
아름다운 붓끝으로 한 줄의 진리를 그려내지는 못합니다.
바람이거나 슬픔이거나 내게 있어 마음 아프고
바람과 슬픔의 그림자가 두려워 폐업해버린
시인입니다.

철학자가 아니기 때문에,
예리한 지성의 칼날로 생존의 이유를 밝혀내지는 못합니다.
하릴없이 왔다가 바람처럼 사라진 풍운아로 기억되는 것이
마냥 슬퍼서, 세월과 어둠을 각인하기 위하여 잠시
여기 서 있는 것입니다.

이제 소설을 써야 합니다.
처절하게 쓰겠습니다.
생존의 이유를 밝히기 위해서도 아닙니다.
감상적인 경향을 정당화하는 것도 아닙니다.
세월을 한번 뒤돌아보고
백 년 후에도 우리들의 삶이 결코 무의미하지 않았다는,
쓰레기통에 장미가 핀다는 유행가 조로

슬프지만 재미있는 그런 인생 이야기를 하고 싶습니다.

사랑과 실연,
밤배를 타고 온 피곤한 상인들,
짧은 시간을 파는 매춘부들,
타락한 도시의 허무한 순정과
늙은 보제기(漁夫) 이야기
지난 반세기 나의 '뿌리' 를
들려주고 싶습니다.

채송화 친구

- 나기철에게

채송화 친구는
달맞이꽃처럼
시를 가슴에 별처럼 달고
가슴으로 시를 쓴다.
거리를 배회하며
혼자 즐기다 싱거워지면
전화 한 통화로
시처럼 말없음표 남기고
완성한 시어 하나와
동문시장 순대를
도시락처럼 싸고 다니며
도서관에서, 거리에서 만난 소녀나,
시를 사랑하는 여자와
나누던 노래 한 꼭지를
내게 던지고 간다.
쓸쓸함은 내게서 익는다.

바람과 물결에 관한 명상 2

바람이나 슬픔 같은 것을
액자 속에 담으려 할 때
바람은 새어나와 피리를 불고
슬픔은 토란 잎 위에
방울방울 이슬 되어 떨어진다.
밤은 그림자를 지우고
그 위에 다시 그리는 어둠의
붓 끝에 맺힌 하얀 빛
획을 긋지 못하고 있다.

삼백 육십 굽이의 매듭을 풀고 또 풀어
반백 년의 실타래를 풀어
바람이나 슬픔 같은 것들로
색을 바른 이야기의 액자 속에는
뼈와 뼈를 깁고,
살과 살이 만나는
귀신들의 이야기가 있다.

거울 속에는 내가 없다

아, 거울 속에 내가 없다.
어디로 갔는가.
내가 이 세상을 분명 살았다 하는데
빛으로 증거할 수 없어
없다는 것을 깨닫는, 오늘, 지금,
그대 앞에서 너무 부끄럽구나.
보이지 않는 내가
보일 수 없는 내가
내 말로 다할 수 없었던 사랑이,
실로 '허망하다' 는 느낌이,
거울 안 어둠 넘어 어둠의 깊은
어둠 속에 없다는 것을 각인하는
행복하지 않은 사랑이,
진정 행복이라고
부끄럽지만 그대 앞에 서서
이야기하고 싶구나
시간을 비추는 거울 속에는
내가 없어요.
내가 없어요.

아무것도 없어요.
온몸이 발기하여
우주를 터득하였다는 것은
순 거짓말이어요.

나는 모기를 두려워한다

나는 모기를 두려워한다.
나는 모기 앞에서 너무 쉽게 무너진다.
한 마리의 모기 앞에
피를 빨려 달려드는
깊은 밤 어둠 속,
눈에 보이지 않는
이 가소로운 미물 앞에 책잡혀
한 손으론 물린 자국을 긁으며
한 손에는 에프킬러를 들고
비장한 전투자세로
단잠 설치며 밤마다 사투를 벌이는 나는
모기 앞에 너무 쉽게 무너지고 있다.
모기야, 내가 그렇게도 맛있니?
피를 빨아야 살 수밖에 없는
천하의 미물 모기 앞에
잔뜩 겁을 먹고
왱왱 소리만 나도 몸이 간지러워
온몸을 긁으며, 밤새 잠을 설치고
온몸에 알레르기를 일으키는 내가

모기야, 굳이 내 피를 빨아야 되겠니?
내 살이 세상에 너무 예민한 걸까.
내 살이 너무 달아서
이 세상 모기들 입맛에 맞아서
내 땀 밴 살이 너무 구수하고 달콤하고 만만해서
아니면, 냄새를 피워서
달려드는 걸까.
살맛 내는 내 육신이 저주스럽구나.
뜨거운 살을 가진 게 죄라면 죄다.
내 뜨거운 피를 냉동시켜야겠다.
나는 이 세상의 모기 앞에
너무 쉽게 무너지기 때문에.

2부

그는 늘 자기는 본격적인 시인이 아니라고 한다. 시인보다 민속학자로 더 알려져 있지만 어쨌든 그는 40여 년간 시를 써 오고 있다. 아니, 부르고 있다.
2003년 4·3 추념일 방송 해설 중 그가 쓰러진 지 10년, 또 그의 아내가 간 지도 7년이 지났다.
이 시집은 그 아내에 대한 지워질 수 없는 연가며 애가이다.
가슴에 늘 출렁임을 안고 사는 진정한 시인, 영원한 로맨티스트!

나기철(시인)

바다

1

그대 눈에
비린 안개 흐르다.
혼 부르는 피울음
가슴에 남긴 자국
소리의 날개로 파닥이다.
어망에 걸려 찢어지다.

2

광목 아흔아홉 통의 외설처럼

아름답게 칭얼대는 바다,
바다 비늘 벗겨져
잡스럽게 안개 울고
왜, 왜, 작은 가슴 설렐까
몰라.
바다여.

3

그것은
소리가 아님
빛은 더욱 아님
살아 움직이고 있음.
살아 움직이는
난시인 그대 귀 끝에
묻어 있는 환청
霧笛
뚜-

4

서러울 때 울어요.
무너지는 하늘
뚫린 바다
썩은 간, 살과
눈을 감고

철없이 만나
입술 떨던 당신이 본
불행한 바다
지워버려
쓸쓸히 지워져버린
안개와
나
그리고
그대

5

해일과
죽은 꽃향기
바디 빛에 멍든
비바리의 넋, 신기루

백골보다 고운 이여도
서정가 되어 흐르다.

이여이여 이여도산아
이엿말은 말아서 가라

하얀
꿈 깨물며
노래하는
바다

6

아-
어둠 속에서
나 그대를 보았소.
빛을 삼킨 바다에
한라산이 둥둥 떠가고
하얀 소복의 그대가
산호꽃 들고
계곡의 어둠 속에서
나 그대를 보았소.

이승과 저승
다 사람이 살고 있었어.

꽃이 된 사람, 다시 내게로 오다

내가
그녀를 만났을 땐
난, 겨울 하늬바람과 눈물로 범벅된
초췌한 50대 중반의
음유시인이었을까.
35년 전, 해마다 찾아오는 악극단
약장사를 따라가 배우가 되겠다던
20살짜리 새끼 광대였을까.
그날, 문학의 밤에
"내 죽어 닥나무 밭에 묻히겠다." 던 나는
1901년 신축년辛丑年 난리의 장두 이재수가 아니었고,
낙엽이 지는 늦가을의 거리를 헤매는 광대,
사람이 그리워 너무 외로운
병든 수캐쯤은 됐을까 몰라.
발을 절며, 코트 깃을 세우고
거리를 배회하고픈 11월의 밤에
골 빈 사람, 남들이 빈정대며 비웃듯 던지는
정말 최후의 로맨티스트였을지 몰라. 난,

그때부터 줄곧 낭만을 이야기했지.

그녀와 더불어 골 빈 사람들 이야기
슬픔보다 더 품격이 있는
외로움의 골짜기에서
비로소 사랑과 동반의 기쁨을
글을 녹여 노래를 만드는 게
낭만을 꿈꾸는 자들의 세상이라며
그래서 우린
그녀를 알게 되었고,
그녀의 사랑과 외로움
노래하는 슬픔까지 접어서
노래하는 그녀를 위하여
'노래를 사랑하는 사람들의 모임' 이 됐고,
그리고. 난,
다시 꽃이 되어 내게 온 당신
나비가 되어 저승에 간 당신이
꽃 한 송이 내 가슴에 안겨준
당신이 좋아하는 노래
'어릿광대 서글픈 사랑' 을
목놓아 불렀네.

비새[悲鳥]

비새가 울고,
비새 되어 내가 울면,
임이 행여 오시려나.

지난밤 이후
이젠 지울 수 없는
혹처럼 가슴에 달고 있는
그런 사랑을 얻었어요.
그리고 안개 속 세상을 돌아와
행여나 하며 메일을 열었습니다.
그리고 보았어요.
아무도 눈치 챌 수 없는,
따뜻하게 다가오는 숨소리,
당신의 꿈이 그린
당신의 추억 하나 만지다가, 결국
일본서 온 지인 일행의 전화를 받고
동한두기 바닷가에 왔습니다.
약속이었으니까, 손님들과의 저녁에
밤의 뒤쪽, 저승의 입구에서 들려오는

벨소리를 듣습니다. 뉴스 시간이었습니다.
태풍 전야의 밤비, 뒤섞여, 뒤엉켜,
몰려오는 파도를 보며, 태풍을 예감하며
당신이 엎지른 유리잔을 봅니다.
버릴 수 없는 것들이
폭풍우 속에 몰려옵니다.
슬피 우는 듯,
미쳐 우는 듯,

바람인 듯, 무적無籍인 듯
빗속에 당신은 울고 갔어요.
그리고 빗속에 어제는 정말 당신의 추억 하나 붙들고
깊이 잠들었답니다.

세상의 끝을 나는 나비

그대,
세상의 끝을 나는 나비여,
낭만이란 이름으로 마음 촉촉이 적시는
이승의 사랑과 바람, 그리고 억새꽃 들판의
작은 울림으로만 가을 들녘에
새로운 의미의 시를 쓰세요.

아직은 9월입니다.
9월의 마지막 밤에 내 죽어
저승의 흑수바다를 지난다 해도
당신을 위해 나비다리 놓겠어요.
저승 가는 길, 개미허리보다 가는 저승길에
노랑나비 하올하올 날아와
이승에서 당신과 내가 온몸으로 적은 사랑,
오색 구름다리 황접교黃蝶橋 교각 위에 새긴
하늘과 땅의 긴 사연 엮어주고
우리의 시간 붙잡아 오래오래 머물러
당신에게 보낼 마지막 선물, 고운 옷 태워
젖은 말 노래로 엮어 춤으로 푼 비밀한 이야기 전하려고

이슬이 마르지 않은 새벽길을 밟아
당신에게 왔으니,
내 어디에 있어도 늘 내 마음 당신 곁에 있어
사랑하였기에 진정 행복했었다고
떠나버린 빈자리에
씁니다. 당신을 위해
지워지지 않는 글을 써
오늘도 저승으로 띄웁니다.

내가 사랑한 광인

낭만이 아니면, 채울 게 없으니
사랑이 아니면, 드릴 게 없으니
열불 나게, 미쳐 몸으로 쓴
가을 노래, 몇 자 적어 보냅니다.
그 맑은 떨림이 행여 그대에게 전해진다면,
사랑한다는 진실만으로
가득 채워드리지요.
창밖엔 아이들의 폭죽놀이,
화려한 변혁을 꿈꾸는 도시
저만치 서선 아름다운 무희 광기의 춤을 추는군.
내버려두자. 아름다운 샛길이여,
지울 수 없는 낙서여, 외도 같은 파격이여,
사랑하는 연인이여,
떨리는 입술에 꽃을 물고, 의미의 그물을 치던
그게 사랑인 줄을 나 믿고 있었기에
속울음 겉웃음 뜨겁게 뱉어내거라.
사랑하는 연인이여,
의미의 마침표를 향해 선택한
그대 속눈썹에서 떨고 있는 암유의 공간이여,

광인의 가슴속에서나 읽을 수 있었던,
당신의 가슴속에서나 읽을 수 있었던,
당신의 언어를 가슴에 새기며,
폭풍 할퀴고 간 숲속, 타오르는 시집 속의 시어들,
어제 눕던 그을린 도시의 뒷골목을 빠져나와
무한처럼 열린 어두운 공허를 향해,
나는 외쳤네. 바람이여,
그대의 시 속으로 떠나버린 시간여행,
그래, 낭만이란 미친 거야, 미쳐보는 거야.
미쳐보는 거야. 광기가 골을 채울 때까지
끝없이 그대를 부른다.
미치게미치게미치게…
바람이여,
바람이여,
바람이여 불어라.

눈꽃 마을 선흘리에 다녀와서

3년 전,
내가 로사와 함께,
도시의 생활을 버리고 눈 마을을 찾아갔던 건
남들처럼 공기 좋은 시골을 찾은 호사취미는 아니었다.
눈이 좋아서,
눈꽃 피는 마을에 흙집을 짓고,
로사를 위해 단 한 번만이라도
불 잘 드는 온돌을 놓아, 굴묵불[溫突] 지피며
설국[雪國]에 살려는 맘을 먹었기 때문이었다.
꿈을 이룬 2004년 우리들의 겨울은 잠시 따뜻했었다.
꿈은 꿈이었고, 추위는 혹독했다.
눈은 얼마 안 있어 저주가 되었다.
몇 년 전 첫눈 오는 날,
아이들과 눈썰매를 타다 빗장뼈 부러진
눈밭에서의 사고 이후,
나의 몸은 서서히 무너져 내렸다.
그리하여 30여 년 술과 바람으로 산 세월은
2003년 4월 3일. 허망하게 뇌출혈로 무너졌고,
쓰러진 몸과 아픈 몸 서로 의지하며 살자 다짐하며,

밖으로만 내닫지 않고 속죄하며 당신을 돌보겠다고
눈을 찾아 제주의 눈 마을 선흘곶
북제주군 조천읍 선흘리 477-5번지에 와서
끝없이 내리는 눈에 갇혔고,
로사의 병은 산행이 힘들 만큼 악화되었다.
그 후 수순처럼 로사는 우리를 떠나 또 병원에 입원했고,
따뜻한 흙집의 꿈을 허물고,
우린 이산가족처럼 헤어져 살았다.
로사는 병원 가까운 언니 집에 머물게 되었다.
나는 무모한 산행에서 무릎뼈가 깨어져
2개월 깁스를 하고, 병원 신세를 졌다.
로사의 보호자가 오히려
아픈 로사와 로사의 친구들이
119를 부르고, 들것에 실어
한심한 나를 병원에 실어왔다.
그리고 나는 회복이 되었고,
로사의 병은 점점 깊어갔다.
로사는 사진 속에서 늘 웃는다.

비워둘 걸 그랬어요

비어 있으니
내 몸 비어 있으니
지리산 자락에 외로움만 남겨 두고
완벽하게 비웠으니
그대 그리움 사랑인 줄 알겠어요.
고요가 형벌이 아니라
잠시 스쳐가는 정적靜寂도
그대 거기서 나를 생각하며 눈감는 소리였으면
좋겠어요.

건강을 찾아 산을 오르며
비워버린 마음에
한 겹 두 겹 당신을 향한 생각과
당신이 두고 간 아이들과 의무 그리고…
다시 한 번 그대와 살았던 세상을 생각합니다.
더 비워둘 걸 그랬어요.
채울 수 없을 바에
바람이라도 머물다 가게
가슴속에 묻어 있는 당신의 메모

잊어버릴까봐 노심초사하던 일상을
차곡차곡 접으며
그대 머물다 간 자리에
엽서를 씁니다.

무적霧笛

- 오늘밤에는 낭만을 위하여 저녁 7시에
 안개주의보를 발령합니다

나의 친구여,
우리 만남은 운명이었고,
그날은 운명처럼 비새悲鳥가 울고
슬피 우는 긴 곡소리 내 들어
비새처럼 울던 내가, 당신을 보내던 그날 밤에
당신이 떠나가신 허공에 꿈의 악보를 그렸지요.
긴장된 언어로 낭만을 노래한 감성의 시 한 편을
당신의 가슴에 안겨드리기 위하여
오늘밤 안개주의보를 발령합니다.
뚜-
뚜-
뚜-

어둠 저편에서 간헐적으로
오랫동안 잊었던 무적소리가
사라봉 등대에서 다시 들려옵니다.
우리들의 감성을 일깨우는 소리,
10월의 밤에 우리들 영혼을 적시는 소리,

우리는 참으로 오랜만에
잃어버린 무적 소리를 다시 듣습니다.
안개 속에 묻어 있는 무적은 슬픔의 D단조로
외로운 영혼들의 광기가 되고,
시가 되고 노래가 되었답니다. 그리고
고단한 망자들의 흐느낌이 되어 돌아오기도 합니다.
뚜-
뚜-
뚜-

70년대 초, 때 묻은 코트 깃 세우고
거리를 함성처럼 쏘다니던 친구여,
안개 내리고 사라봉 등대에서 무적이 울면,
우린 서부두 방파제를 미치게 걸었지.
어디서나 수평선이 걸리는 도시의 뒷골목을 빠져나와
터벅터벅 군화를 끌고 바다의 심연으로 걸어갔었지.
남방에서 올라오는 구로시오[黑潮] 물길을 따라 연락선을 탔고,
북방 시베리아 서북풍의 바람길을 따라 삼등열차를 타

고는

서울 가는 길, 밤열차 삼등칸
삶은 계란에 소주 한잔은 잊을 수 없는 추억이었지.
그리고 제주로 돌아오는 하향 길에
목포 유달산에 올라, 지금은 가고 없는
천재 가수 이난영의 목포의 눈물을 불렀고,
선창가 조천하숙 이불 속에서 잠시 언 몸 녹이고,
사랑하고 이별하며, 연락선 선창가에서 온몸으로 손수건 흔들며,
이별 연습과 헤픈 사랑으로 성숙해진 청춘은
그리고 진짜 미쳐서, 너무 젖어서
몸과 마음을 구겨버리고 안개 속에서 울던
그때 그 잃어버린 시간에 새긴, 말술 같은 그리움 어디 갔느냐,
뚜-
뚜-
뚜-

외젠 다비의 소설 〈북호텔〉 같은
산지항 동부두 〈남양여인숙〉은 축축이 젖어 있었다.
안개 때문에, 습기 눅눅한 밤이면 쓰고 찢고 또 쓰고,

유행가 부르듯 시를 쏟아내던 문학청년의 〈청개구리신화〉는 어디 갔느냐.

웃고 울다 정말 삼류로 울어버린 그해 가을,

“술은 보해가 좋아요.”하며 인생을 가르쳐주던 도남교 다리에서 만난

10월 보름밤 허스키의 매소부는 어느 하늘 아래 있을까.

그리고 인생의 모든 숙제 혼자 풀라고 나를 버려두고

훌쩍 속세를 떠나버린 그녀는 지금 어느 하늘 아래 있을까.

뚜-

뚜-

뚜-

속세에 어울리는 나는 언제나 골 비운 친구들을 모아

그때부터 낭만의 반역을 꿈꾸었으니, 이제 세월은 가고

친구들 다시 모여 신낭만주의 선언, 감성의 시대를 엮어가잔다.

어둠 안에는 분명 당신에게 쓰다 둔 미완성의 시처럼

안개 피어나고, 오늘도 예전처럼 사라봉 등대에서 무적

이 운다.

친구여, 안개주의보가 내리고
어둠 속에 잃어버린 무적이 울리거든
너무 젖지는 말고, 우리 다시 한 번 낭만을 위해 친구여,
골빈 친구여, 오늘도 한결같이 코트자락 휘날리며
10월의 마지막 밤을 노래하세, 친구여,
뚜-
뚜-
뚜-

아, 드디어 감성의 시대가 오도다.
신낭만주의 만세!

한라산

어디에 바람을 숨겨두고,
어디에서 바람은 안개를 희롱하다,
토란잎에 이슬처럼 계곡을 구르는가.

제주땅 설매국*에 천문상통 지리하달한
일문관 바람운(風雲)**이 솟아나,
바다 건너 만 리 밖, 비(雨)의 나라 홍토국(紅土國)에
아름다운 여인 고(高)산국과*** 부부인연을 맺었으나,
바람운은 고산국보다 더 아름다운 처동생 지산국****과 바람나,
밤에 몰래 청구름 타고 달아나,
한라산의 밤은 먹구름과 안개, 천둥과 번개가 뒤범벅이 되었으니,
그로부터 바야흐로 한라산의 이야기는 시작된다.

이를테면 우리 인생도 신들과 같다는 것이다.
삼천 장의 벼루, 오천 장의 먹을 갈고,
아름 가득 금책(金冊), 한 줌 겨운 금붓(金筆)을 골라
제주 오십만의 인생사를 다 적는다 하지만,

인간 목숨을 차지한 저승 염라왕의 차사가
붉은 천에 하얀 글씨로 쓴 이름 성명 석 자,
명징한 죽음만큼 뚜렷한 것은 없느니라.

그렇게 죽음은 분명한 것이고,
그렇게 제주 한라산은 제주인 가슴속에 있다.

그러나 어둠 속에는 아직 쓰지 못한, 바람의 나라
작지왓 산철쭉 같은 이야기가 있다.
꿈에 현몽(現夢),
남가일몽(南柯一夢),
비몽사몽(非夢似夢) 같은
할로 할로 영주, 허령진 산,
한라산, 한라산 이야기가 있다.
창조의 어둠을 이렁이렁 태우며
가슴의 불로 세상을 비추고
계곡의 선그뭇*****을 부끄럽지만 당당하게 여시는
설문대할망 이야기가 있다.

설문대할망은 이야기를 하지 않는다.
배고픈 제주 아이들을 위하여
백록담 솥뚜껑을 열어 팥죽을 쑤시던
설문대할망 탐라 천년의 침묵은
억측과 오해를 만들기도 하였고,
상상의 신화를 만들기도 하였으나,
어둠 속에 한바탕 난리가 났다는,

어둠 속에는 사랑을 찾아,
비새 같이 울고 있는 원령들이 구천을 떠돌아,
왕도, 곰도, 범도 없는 아흔아홉 골짜기에서
방성칠 난리에, 이재수 난리에,
무자 · 기축년 난리에 죽엉 간 원혼들이
피리단자 옥단자 불며, 비새 같이 울고 있다.
건 삼, 건 바람에 흐르고 있다.
바람 타는 섬, 한라산에 떠돌고 있다.

* 한라산에 있는 상상의 나라, '눈 매화 피는 나라'.
** 바람의 신.
*** 비의 신.
**** 안개의 신.

나는 밤에 홀로 일어났다

우리 아이 열 살이 되었을 때,
반 아이들 중 아빠가 제일 늙었다고 했다.
그러니 술 드시지 말고
특히 담배는 건강에 해로우니 제발
담배를 끊으라고 했다.
나의 늙음은 세상만큼이나 복잡하여
병들고 악에 받쳐 무너지고 있었으나
어둠 속에는 언제나 희망, 가능성, 미래…
아이의 꿈이 타오르고 있다.
열 살 아이의 눈으로 세상을 보면
바람 위에 물방울도 구름이 되고
어둠 위에 쓴 일기는 또 한 새벽을 가져오나니
아이야, 나는 늙지 않았다.
세상을 비껴가며 비틀거리고
세상을 향해 한 다발 암유의 꽃을 팔며
세상에서 얻는 것은 8할이 바람이지만
우리는 함께 살아가는 것이다.
우리는 함께 살아가야 하는 것이다.
"오늘도 아빠는 또 술을 마셨다."는

일기의 마지막 마무리는
명징을 대충 지워버리는 엄마의 가계부,
어른들이 오염된 세상을 사는 이치다.
그리고 내 아들, 열 살 난 내 아이의 눈은
언제나 욕망 앞에서 흔들리는 진리다.

수취인 불명

변변치 못한 사람
이렇게 넝마처럼 구겨져,
비수로 꽂히던 11월의 밤에, 참으로 오랜만에
그대 그늘에 편안히 누웠습니다.
온전한 휴식을 위하여 산은 잠들고,
수많은 별들이 쏟아져내려,
그대에게 단풍잎에 쓴 가을 편지를
아직 부치지 못했습니다. 아니
잃어버리고
취해서, 헤매다 언제나
수취인 불명으로 되돌아오는
너무 젖어 부끄러운 과거
죽어버린 시간의 노래를
한 톤 높게 불렀습니다.
떨어져 쌓이는 웃음과
허망을 응시하는 그대 눈빛과 나의 눈빛과
그리고 하늘에서 떨어지는 무수한 별들,
별들에 가려서도 별 속에 반짝이며
어둠 저편에서 말 없는 그대에게

단풍잎에 쓴, 아직은 부치지 못한
편지 한 장 보내드립니다.

바람과 물결에 관한 명상 3

- 엑스트라

나는 백마를 탄 그런 왕자가 아닙니다.
나는 매일 죽는 사람입니다.
오직 그대를 위하여 매일 죽는 사람입니다.
매일 죽어야 그럭저럭 사는 그런 사람이니까요.
당당하게 바른 소리 한번 못하고 바람 불어 좋은 날을 꿈꾸며
휘몰아치는 바람, 바람의 허풍을 방관만 하고 있습니다.
그대 역시 매일 죽는 사람은 아닌가요,
그대는 정말 살아 있나요. 매일 죽기 때문에
죽음을 연기한 대가로 일당 받고 촬영장을 떠나는
매일 죽는 사람들끼리 서로 안부를 물으며 살아요,
바람이 우리를 너무 춥게 하니까요.
못다 한 사랑을 희미한 추억으로 간직하고 사는
그래서 우리는 매일 죽는 사람, 매일 죽어야 그럭저럭 살아서
바람 불어 좋은 날 그대를 만날 수 있으니까요.
역사를 두려워 않으면서 역사 앞에서
주인공이라 착각하는 몽상가들이 얼마나 많습니까.
매일 죽는 사람들의 역사도 역사입니다.
매일 죽어야 하는 그대 그리고 나의,

작은 몸짓, 눈감는 소리도 물결은 물결입니다.
물결은 언젠가 거대하고 도도히 흐르는 역사가 될 것입니다.
우리의 늘 다치기 쉬운 감정,
당신과 나 사이에 오가는 미묘한 마음의 움직임도
만리장성은 아니지만, 크게 보면 역사라는 것이지요.
존중하고 서로 아껴야 할 우리들의 역사란 것이지요.
사랑이 역사란 말입니다.
바람은 누구에게나 불어옵니다.
민감한 사람에겐 바람을 감당할 재간이 없지요.
그러나 바람은 우리에게 늘 불안한 것만은 아닙니다.
바람 불어 좋은 날 서로 만나서
따뜻한 겨울을 만들어야 하지 않을까요.

돌아가는 길

이 세상에서 가장 불행한 남자와
이 세상에서 가장 불행한 여자는
서로 만날 수가 없다.

이 세상에서 가장 잘 나가는 남자와
이 세상에서 가장 잘 나가는 여자는
서로 만날 수가 없다.

가장 불행한
잊혀진 여자, 버림받은 여자, 병든 여자
악바리, 미친년, 쌍년, 처녀귀신,
과양생이 지집년*, 노일저대 구일의 딸**…
어김없이 정리되어버린 여자들,
가장 불행한
잊혀진 여자를 잊지 못하는 남자,
배신당한 남자, 착각하는 남자,
지워진 남자, 젖꼭지를 물고 있는 남자,
숫붕이***, 뚜럼****, 두루외*****, 사내 구실을 못하는 병신, 남녀구별 법 모르는******

문왕성 문도령*******, 정이으신 정수냄이********
서로 만날 수 없다.

살아있는 동안 우리는
가장 불행한 남자와 여자가 되지 않기 위하여
가장 잘 나가는 남자와 여자가 되지 않기 위하여
처절하게 외롭지 않기 위하여,
서로 만나기 위하여
돌아가는 길을 선택해야 한다.
다정한 친구를 만나야 한다.

* 광양에 사는 계집애, 차사본풀이에 나오는 악녀.
** 문전본풀이에 나오는 악녀.
*** 숫놈, 고지식한 사람.
**** 바보.
***** 미친놈.
****** 성을 모르는.
******* 세경본풀이에 나오는 농경신.
******** 정이 없는 정수남이, 세경본풀이에 나오는 목동의 신.

거룩한 하루

저녁에 술을 먹고,
새벽에 시를 쓰고,
아홉 시에 출근하여
열두 시에 밥을 먹고
여섯 시에 퇴근하면,
저녁에 술을 먹지 않으면 이상하다.
새벽에 시를 쓰지 않으면 이상하다.
아홉 시에 출근하지 않으면 이상하다.
열두 시에 밥을 먹지 않으면 이상하다.

3부

저만치 무병이형이 가고 있다. 걸음걸이가 살짝 뒤뚱거린들 무슨 대수랴! 보아라, 쉬지 않고 씩씩하게 가고 있지 않으냐! 광란의 불혹을 지나 황야의 들개처럼 처절한 지천명을 뒤로하고 귀가 순해진다는 이순도 가볍게 지나치고 저리도 당당하게 나아가고 있지 않으냐! 언젠가 안개처럼 다가올 청초한 四末五初를 꿈꾸며 바바리 깃 세우고 낭만을 찾아 낭만이 사라진 원도심 골목을 바람처럼 가수 배호처럼 흐르고 있지 않으냐! 바로 저거다. 문무병은 영원히 문무병인 것이다.

김수열(시인)

슬픔의 미학

1. 바람 속에서 사랑을 잉태하다.

아무도 없었다.
빛의 시작인 어둠도 없다.
희망의 시작인 사랑도 없으니
이제 나의 집 뜰은 너무 쓸쓸해
쓸쓸한 당신의 그림자 서성이고
나의 흔적을 알리는 바람만 나무에 걸려 있다.
그대여, 여기서 다시 시작하려네.
어둠 속에서 티끌 같은 빛 주워
작은 사랑의 불티를 만들고,
쓸쓸함의 오만을 벼려서
곁에 있어 늘 따뜻한
당신을 기다립니다.

2. 본질을 캘 수 없는 슬픔

완성이 아니었다.

슬픔은 진행형이었고,
늘 미완성이어서
늘 뒤돌아 후회하고 위로하며
당신을 떠날 수 없었기에 아름다웠소.
죽음으로 완성된 진리 같은 건
죽음의 미학일 뿐 본질은 아니었던 걸요.
사랑하는 사람아
당신이 다 거두어 가며 마지막에 남긴
마침표 하나 붙들고
슬픔을 궁굴리며
어릿광대 슬픈 사랑은
다시 시작되나니
언제 다시 서글픈 사랑
불씨가 되어
이승과 저승을 잇는
다리를 놓을 수 있을까.

3. 관념 하나면 시 한 편을 이루지만,

절제된 슬픔은 관념일 뿐이다.
관념 하나면 시 한 편은 짓지만요.
살아서 하루의 삶을 만들어가는 눈물과
비새같이 울며 신들과 나누는 울음의 끝은
끝이 없어 힘들지만, 거칠 것 없어 시원하오.
시원하게 뱉어내는 오장육부의 바람소리
비새가 창밖에 와 운다기에
어둠 속에 그림자 안개 속에 흔들리고
사랑하는 사람의 숨소리도 들리는 듯
흐느끼는 바람소리에 오늘도
당신의 소식을 듣네요.

서귀포

서귀포에는
군데군데 내가 쓴 낙서가 있다.
작은 골목 먼 정 올레 밖엔
당신의 따뜻함 배어
여기 아니면 저기도
오래전의 당신이 살고,
지금은 가고 없는 그리움이 있다.
오늘은
섶섬이 보이는 카페에서
또박또박 그리움 접고
흘려 쓴 편지
하나 또 하나
염을 하는
하루

예전처럼 살고 싶다

예전처럼 당신을 만나.
예전처럼 살고 싶어.
예전처럼 내 곁에 당신이 있고.
예전처럼 난 당신의 포로가 되어.
예전처럼 사랑은 달맞이꽃으로 피고.
예전처럼 당신의 사랑, 그 아름다운 반란이.
예전처럼 나를 뒤흔들 때마다 감성의 촉수에 바람 일어.
예전처럼 마음 따뜻한 당신이 모든 위선을 벗어버린 그 술집.
예전처럼 아름다운 겨울 밤, 낭만의 그늘에 모여.
예전처럼 풍류가객은 황홀한 즉흥시를 읊고,
예전처럼 사랑 노래 꿈속인 듯 들으며.
예전처럼 당신과 살고 싶다.

거슨샘의 물

- 낭만이란 거꾸로 가는 물같이 생각 없이 걷는다

60이 넘은 줏대 없는 사내
다리를 건너고 있네
뒤뚱거리며 앞을 디딜 때마다
슬픔이 묻어나는 무성영화
세상은 안개발 갈 길 먼데
한 번도 머뭇거리지 않고, 고민도 없이
그냥 쓸쓸히 가네

여보게
동반자 없는 외로움을
낭만이란 이름으로 들여다보는
돌밭에 깔아놓은 바람길에
조금씩 젖어오는 비 오는 날의 수채화 같은
화려한 꿈에 비를 뿌리며
홀로 가기 너무 슬프네

60에 치매 와 죽을 운명 잊고
40에 성장 멈춘 당신과 만나

이 가을엔
습관으로 걸어온 낭만의 그늘
한번은 뒤돌아보고
서천꽃밭 하늘 연못 저승다리를
그냥 쓸쓸히 가겠네

이 가을에 띄우는 편지

가을입니다. 난 당신에게 무엇을 줄까 생각했습니다.
그리고 무엇보다 좋은 선물 한 꾸러미를 준비했습니다.
낭만과 가을 하늘과 너무 좋아 미칠 것 같은 한라산 억새꽃
그리고 해 그림자 짧아진 토요일 오후에 떠나
제주문화의 원류를 찾아가는 바람길 여행,
시베리아, 바이칼 호수, 몽고를 흘러온 서북계절풍과
야쿠트족의 쇠북소리에 실려 오는 중앙아시아 샤먼들의 영개울림
그리고 우리들의 사랑 이야기가 모두 하나 되어
낭만이 담긴 오래된 미래를 찾아가는 시간여행,
외젠다비의 소설 북호텔 같은
지금은 쓸쓸히 역사 속에서 사라져버린 우리 집
제주시 건입동 바닷가에 있었던 남양여인숙과
청춘의 코트 자락 날리며 걷고 있을 서부두 방파젯길을
낭만이 담긴 가을 이야기 속에서 정말 오랜만에,
당신의 가슴속 깊은 곳에 흐르는 감성의 샘으로부터
사랑이 담긴 말과 눈빛으로 교감하는 사랑의 약속,
아니면 하늘연못이거나 한라산의 억새밭에서
너무나도 싱그럽게 도란거리던 아름다운 추억들을
꺼내어 너무 거창하지는 않게 낭만의 밤을 준비합시다.

정말 오랜만에 당신에게 쓰는 글, 가슴을 뛰게 하고 부끄럽게 하네요.

오세요, 당신과 꿈꾸는 바람길 여행에.

철 지난 영등바람 보냄.

술의 바다

그립다.
옛날 탑동 〈먹돌바다〉가
막걸리집 〈라데빵스〉가
이십대 초반의 문학청년 홍이와 엽이
그리고 삼십대의 교주 내가 퍼마시던 바닷물
폭음과 광란으로 다 마르고,
쏟아지는 밤비 속에 그대 끌어안고 흐느끼던 바다
미완성의 그리움을 꺼낸다.
완성할 수 없는 그리움을

이제 그대들은 사말오초의 중년,
사랑은 아무나 하냐며 무심하고
환갑 초로의 나는 그리움만 깊다.
그래서 가끔 일도동의 술집
〈술의 바다〉를 생각한다.
그리움만 절절한 사랑은 속절없고,
사방에 갈매기 떼 하얗다.
짝을 이뤄 입을 맞추는 갈매기 떼
바다엔 온갖 빛들이 날을 세우고

날선 말들이 파도에 밀려와 항구를 떠난다.
오늘도 축축하게 젖은 술자리에 안개 내리고,
내 마음속에 고요의 빙벽은 무너지고
그 자리에 법정 스님이 남기고 간 무소유의 공간에
무취한 달이 걸린 겨울밤
〈술의 바다〉에 그녀와 나
쓸쓸히 앉아 그리움을 짓는다.
정말 그립다. 완성할 수 없는 그리움이

아메바 사랑

왁왁한 어둠 깨어져,
모두 먼지 되고,
모든 먼지 일어나 춤을 추니,
낮은 빛으로 충만하여
봄이 되었네.
빛이 있어 사방에서 일어나는
봄의 미동은 들통이 나고,
티끌 먼지 내 부질없는 사랑도
그늘져 소리가 되었네.
그렇게 봄은 숨 가쁘게
얼음을 깨고, 찬물 덥혀,
단세포로 발아하는 사랑으로
내 숨소리 살아있음을 기뻐하였네.
임이여.
단세포 동물에서 청개구리까지
못난 미물들의 소리, 소리, 소리,
모두 봄꽃이 되어라.
청개구리 신화를 쓰던 젊은 날의 사랑이여,
내터진 물 위 어머니 무덤가에서

청개구리 개골개골
꽃상여를 따르며 개골개골개골
깨어나소서.
깨어나소서.

번지 없는 주막

난 그냥 머물 곳 없어 헤매던 바람이었소.
잠시 머물던 세상 끝에 흔적을 남기고
번지 없는 주막에서 당신과 나누었던 사랑을
낙서하고 가는 쓸쓸한 바람이라오.
대책 없이 순진한 쌍년이 흘리던 눈물,
절망과 꿈을 넘나들며, 당신 곁에 맴돌고,
바람 같은 사내가 한 다발의 웃음으로 남긴
번지 없는 주막 벽면의 낙서장에는
당신이 가슴으로 쓴 연서 두 줄 서글프고.
당신, 마음이 따뜻한 여자,
난, 당신이 미치게 그리워 머물다 가는 바람이라고
낙서는 쓸쓸히 펄럭이고, 삐딱하게 항변하고,
번지 없는 주막에는 오늘도
살 냄새 그리워 찾아드는 외로움과
지울 수 없는 사랑을 낙서하며,
기억을 지워도 다시 돋아나는 그리움을 몸부림치며
번지 없는 주막의 슬픔보다 더 진한 사랑 때문에
난 바람처럼 떠나버린 그대 빈자리를 지키는
당신의 그림자라오.

술집 '옴팡밧*'

당신의 허영 채워줄 남자 흔치 않고
나의 외로움 채워줄 따뜻한 여자 오지 않는 밤,
혼자 지낸다는 친구들 가을이 와도 소식 없으니,
어젯밤은 비닐하우스 술집,
70년대식 연탄불이 정겹게 타는
술집 '옴팡밧' 에서, 고등어 구우며
술 한 잔에 물[水酒] 세 잔 마셨네.
함석지붕을 내리는 비, 가슴에 못을 박는 듯
사랑의 약속 하늘만큼 펑크내며 쏟아지고
나의 애인은 기다리는 날 찾지도 않는구나.
그게 인생이지 하며, 당신이 올 것만 같아
떠날 수 없어 밤이라도 새우려는
내 맘 아는지 모르는지 답답해라.
아름다운 밤이여, 쏟아지는 비여,
더 가지 말라 바람이여.

* 지명, 움푹한 밭.

'미여지벵뒤'에서 당신을 보내며

달은 갈라 신구월 달,
날은 갈라 열이렛날, 10월 12일부터
신구월 그믐 되는 10월 26일 열나흘의 큰굿 마치고
27일에 〈가수리〉, 〈뒤맞이〉하고,
28일에 〈세경놀이〉, 〈영감놀이〉에 〈배방선〉까지 하여
표선 당캐에 배를 띄우며 장장 17일 동안의 큰굿이었지요.

굿을 시작해서 굿이 다 끝나는 보름은
당신이 굿판에 오신 듯해 노심초사(勞心焦思)
비 온 날은 날개가 젖을까 초조했고,
좋은 볕 나면 볕에 타는 목 잔질루고,
바람 불면, 갈바람에 흔들리며,
두이레 열나흘 달이 가고 날이 넘어
어느새 굿 마치는 마지막 날, 26일 신구월 그믐이 되니,
이날은 정말 당신이 오시는 듯했습니다.

심방은 영개[靈駕] 돌려 세워, 영혼들 호상 옷 해 입혀
저승으로 보내고 있었는데.
그때 내 앞에 노랑나비 한 마리가 날아왔어요.

나는 정말 당신을 만난 듯했어요.
그곳은, 아직 닦지 않은 저승길
황망(荒亡)하여, '거침없이 트인 널따란 벌판' 이었고,
성읍리 일관헌 맞은편 마방터 큰굿판이기도 했어요.
거기서, 굿판에 이승 떠난 당신, 나비가 되어 찾아온
아름다운 당신의 영혼과 만난 것은 정말 행운이었어요.
난 굿을 통해 당신이 나를 찾아왔다고
느끼고 있었습니다. 그리고 분명 나는 거기서
저승에서 온 당신을 만났고 같이 춤을 추었습니다.
내가 당신과 만난 곳은 굿판이었지만 실제로 나와 당신은
이승과 저승의 중간지점, '아무 거침없이 트인 널다란 벌판'
'미여지벵뒤' 에 있었습니다. 그곳은
내 곁에서 아직 떠나지 못한 당신의 '영혼' 이
굿하는 십여 일을 내 곁에서 맴돌다
26일 마지막 영가들을 저승으로 보내는
〈영개돌려세움〉 때가 다가오자
나비 한 마리 굿판 내 곁을 맴돌며 떠나지 않았는데,
당신의 영혼이 늘 곁에서 하올하올 날고 있었던 거지요.

난 알아요. 분명 당신은 나비로 환생하였고,
난 정말 당신의 영혼이 내 곁에 있음을 느꼈으니까.
수심방을 맡았던 서순실 심방과 본주인 후배 정공철이
생전에 당신이 나를 따라 굿판에 와서
항시 심부름도 하며 베풀었던 고마움에 보답으로
저승으로 보내는 당신 옷 한 벌 상에 올려주었을 뿐인데
이승사람들의 고마움을 아는지
당신의 영혼은 나비가 되어 굿판을 찾아와 날아다녔던 거지요.
나는 당신이 여기 와 있음을 느꼈고,
서 심방은 언니가 꿈속에 보였다 말해주었어요.
나는 나비가 되어 찾아온 당신의 영혼과 춤을 추었고
정말 당신은 굿판에 오셨다 갔으리라 생각하며
난 정말 행복했어요.
이제 미련을 훌훌 털어버리고 저승에 가면
당신은 나비로 환생하여 행복한 또 다른 삶을 살게 되겠지요.
이제 당신은 이승 사람과 이별하는 이승의 끝,
'미여지벵뒤' 허풍 바람에 마지막 욕망과 슬픔을 날려버리며
마른 가시나무에 이승에서 집착하던 살아있을 때의 이야기들을
'미여지벵뒤' 가시나무에 걸어두고 가겠지요.

여보. 거기 이승의 질고 진 것, 허풍 바람에 불려두고 가세요.

설운 당신 세상 살며 한숨짓던 일,
마음고생 한 걱정도 바람나무에 걸어두고 가세요.
당신 나 땜에 울기도 많이 울었지요.
사는 게 힘들고 고달퍼도 애달픈 일 다 풀어
순실이가 당신 옷 한 벌 장만하였고,
나도 당신에게 인정 많이 걸었으니,
막 방광 소리 들으면, 나비다리 건너,
저승 상마을에 가 나비로 환생하시라고
곱닥한 옷 한 벌 올려드렸으니
신발단속 의복단속 가지고 갈 물건 단속 잘하고
버릴 건 버리고 떠날 채비하시라고
저승 가는 마지막 새남굿으로 당신을 보냅니다.
사나사나 사낭갑서.
사나사나 사낭갑서.

가을비, 그 슬프고 아름다운 노래

올 가을엔 조용한 선율이 튕겨져 나올 것만 같은
당신의 아름다운 시 한 편을 기다렸습니다.
새벽 산책길에 본 풀꽃같이 이슬을 머금은 당신의 시가
우리들 마음을 촉촉이 적셔줄 의미 있는 시간을 위하여
세상을 뒤집는 뜨거운 청춘의 시는 아니더라도
인생을 담은 그릇 거침없어 정말 몸과 마음을 다 흔드는
그대 따뜻한 인생이 담겨 있는,
그 슬프고 아름다운 시 한 편을
당신을 위해 노래하렵니다.
내일을 위해 각기 다른 남자의 성을 쓰는 세 아이를
낳고 길러 품에 안은 여자처럼 시를 사랑했기에
아름다운 인생을 그릴 수 있었다는 따뜻한 여자가
오늘밤도 세 아이를 안고 당신을 기다리며 쓴
그 슬프고 아름다운 시 한 편,
따뜻한 여자만이 쓸 수 있는 사랑의 시를
당신을 위해 노래하렵니다.

성산포 연가

사랑할 만했다.
바람난 내가
성산포까지 바람 따라와
바람을 붙잡고 실컷 울다가
새벽 길에서 아침 하늘을 보고
기다림의 긴 수평선 어둠 위에
떠오르는 신새벽의 일출을 적으며
모든 걸 걸고
정말 사랑할 만했다.

낭만의 엘레지

- 찬비 내리는 오늘은 따뜻한 커피 한잔 마시고 싶다

병심이가 왔다.
찬비 내리는 오늘은
함께 커피 한잔 마시고 싶다는
엉뚱한 병심이가 햇살처럼 퍼진다.
그래서 우린
커피를 마시고 빗소리를 듣는다.
커피 한잔에 온몸이 따뜻해지는 날이다.
오늘밤의 모임 〈낭그늘〉에서 낭송할 시는
그녀를 위한 시를 쓰리라.

낭만이 넘치는 겨울비 이야기로
이 겨울은 정말 좋은 일이 생길 것 같다.
겨울비 속으로 그녀가 가져온 한 줌의 햇살은
낭만의 엘레지.
그녀의 끝없는 이야기는
70년대식 포장마차와 음악다방.
삼류 소설의 배경 같아 정겨운 뒷골목.
젊은이의 거리 커피집 '초코레트'.

쏟아내던 그녀는 빗속으로 사라지고
따뜻한 커피 한잔의 행복은 지워지던 날들의 끝이거나
새로운 시작이되리니
바람이 불고 비가 내리는 일상이 끝나면
내일은 눈이 오리라.

눈꽃바람이 머물다 간 자리마다 잔물결 같은
병심이의 모습으로 함께 온
당신의 온기.
커피 한잔의 추억.
당신이 왔다 간 오후.

서귀포에 가니,

서귀포는
군데군데 내가 쓴 낙서가 있었고
여기저기 당신의 그리움이 배어있었다.
단 한번 연모했던 당신이 살다 간
서귀포를 오랜만에 찾아와
섶섬이 보이는 카페에서
취객의 노래 같은 바다
당신 그림자를 본다.

그날 우린 말이 없었고 심각했다.
가끔 별이 떨어지고,
사랑은 슬픈 잡음이 되었다.
둘은 사랑을 약속하고
둘은 이별을 약속했다.

당신과 내가 다시
군데군데 또박또박 그리움을 접고
여기저기 흘려 쓴 낙서를 모아
섶섬이 흔들리는 부둣가 선술집에서

당신을 위해 다시 한번
서귀포 연가 늙은 어부의 노래를
목놓아 불러본다.

바람섬 돌배

- 오조리 식산봉과 성산포 일출봉

옛날,
바다를 떠다니던 돌배

제주 칼바람 물을 뒤집고
미인이 머리 풀고 엎드려 우는
남편 관 앞에서 운다는
옥녀산발형

4부

사랑과 낭만에 목이 멘 그가
가을 하늘 속으로 빠져 신화 속에서 춤을 춘다.
겨울이 오기 전에 행복한 모습으로 바바리 코트를 입고….
해탈한 천재의 시의 밭에는 누군가를 기다리는 시어들이
춤을 춘다.
사랑을 찾으려고.

김상철(즉흥시인)

세 번째 불러본 가을 노래

세상만사를
“울고 싶어라” 노래하는 가을
당신이 그립다.
쓸쓸함이 묻어 있는 노래
너무 솔직해 부끄러운 나
대책 없이 바람 속으로 들어갔다.
바람 속, 무풍대에서
또 하나의 바람, 당신을 만났다.
그렁그렁 눈물 나는 노랫말을 보며
눈물을 만나, 울고 싶다는
정말 솔직한 유행가처럼
당신을 만나
쓸쓸히 울고 싶었다.
“울고 싶어라”
노래하는 가을

님이여 들으시나요

님이여, 들으시나요.
새철 든다. 봄이 온다는
바람소리, 새소리, 물소리,
신새벽 새 꿈 돋아오는 소리를

지난 해, 구관(舊官)은
한해의 인간사, 궂은일 거두어
비와 바람, 태양의 그림자,
인간세상 모든 시간 거두어 하늘에 오르시고,
신 없는 세상, 동티 없는 만사형통을 위해
변소, 울타리, 집과, 내 바람난 마음까지
헐고, 메우고, 고치고, 이사하며
신구간을 보냈나이다.

님이여, 들으시나요.
신관(新官)은 새로 세상에 내리시고
하늘 길에 꿈의 무지개 피는
오늘은 입춘날,
세경할망 자청비가 하늘에서 가져온 오곡의 씨앗,

탐라왕이 새봄 새날 새 마음으로
탐라땅 세경너븐드르에
쟁기 잡고 소 몰며 씨 뿌리는 봄의 합창,
친경적전(親耕耤田)의 노랫소리를,

기쁨이 이웃에 충만하고
온갖 새[邪]를 쫓는 사농바치 굿판에서 놀고
심방은 보리뿌리 점으로 단골에게 점괘를 말하니
입춘 국수를 나누어 먹고 액땜하는 입춘날,
입춘탈 쓰고 관과 민이 신과 더불어 노는 입춘날,
님이시여.
바람으로 찾아온 태세지신이여(太歲之神).
우리들의 농경신, 아름다운 세경할망 자청비여.

미란이의 눈물

광대 윤미란.
당신의 눈물이
저리도 아름다운 건
복받치는 슬픔 때문만은 아니었어.

4·3에 죽은 어머니 살아 와
비새처럼 우시던 굿판에서
심방의 입을 빌려 말하는
어머니의 영혼과
진정한 슬픔, 그 영혼의 울음으로
진짜 광대의 슬픔을 이야기했기 때문이야.

굿판의 신소미* 윤미란.
너무 마음이 여려, 눈물이 많아
슬프도록 아름다운 처녀들
죽어서 간다는 서천꽃밭
칭원한 영혼들을 달래는
북촌출신 샛별광대 윤씨 아미** 미란이는
신화 속의 새, 비새의 울음으로

무자 · 기축년의 슬픔을 들려주는

정말 눈물이 아름다운 여자.

* 젊은 심방, 신소무[神小巫], 이승에서 착하고 아름다운 처녀는 죽어서 저승 서천꽃밭에 가 꽃에 물주는 신소미[仙女]가 된다고 한다.
** 처녀, 여자.

억새꽃 올레길 당신과 함께 걷다

아아
으악새 슬피 우니
가을인가
억새꽃 한라산이여.

억새꽃 눈부신 한라산은
등산복 입은 관광객,
아니면 갈옷 입은 착한 누이,
무엇을 갖다놓아도 그림이 되는
슬픔이 익어가는 가을

슬픔으로 영그는
으악새를 배경으로
당신을 기다린다.

쇳소리가 되어, 내 몸은 이젠 뜨겁지 않네

뜨거워지지 않는 몸,
덥혀지지 않아도 불꽃을 노래하는 바람이 된,
내 몸은 하늘 울리는 쇳소리가 되네.
타는 물, 소주로 그리는 꿈 이야기도
대충 적으면 봉새의 꿈이 되는
의미를 모르며 까불어도 시가 되는
5000년 전 신시의 아침을 그리며
움직이지 않는 다리, 겨드랑이의 날개로 날으며
일그러진 신경, 음치지만 소리를 알고
나무등걸 썩은 물,
이렇게 무너지면서 탐라국의 쇳소리를 내는
하늘 같은 임무,
한라산 사농바치의 꿈을 그리는
도사가 다 된 나의 모습이라네.

고요한 밤마다 스쳐오는 그리움

어디 있는지 알 것 같아요.
바람으로 와서
내 가슴을 적시고 가는 그리움,
겨울밤 성에 낀 유리창에 입김 불며 쓰던
그 첫눈 오는 날의 약속을

사랑하는 이여
잠들지 말아요.
깨어서 눈을 깜박거려 봐요.
미안하지만 깜박거릴 땐
찾아와 나를 〈바람〉이라 불러 줘요.
정말 바람처럼 흔들리고 있는
나는 바람이니까.

당신에게 점점 가까이 다가가는 숨소리,
나뭇잎 살랑거릴 때마다, 만져보는
바람난 바람이 아니라,
진짜 바람으로, 당신 곁에서 나부끼는 바람처럼
항상 곁에 있어 우주를 흔드는

작고 힘없어 서러운 바람 하나 그냥 접어서
아직 없으니, 느낄 수 없어도
그냥 접어두시고
가끔은 꺼내 보세요.
나, 바람을

아무 때나, 아무 곳에서나
내가 〈바람〉이고 싶은 건
설문대할망이 나에게 준 영력이기도 하지만,
한라산을 흔들던 객기는 아니어도,
그 작은 움직임이 사랑임을
알기 때문입니다.

당신은 언제나 나에겐
큰 하늘, 푸른 그늘,
설문대할망이었어요.

눈짓보다 더 큰 몸짓으로
윙윙거리는 바람소리뿐인 현실의 껍질을

벗어버리고, 마음으로만
천리 밖 멀리서 눈감는 소리,
당신이 나를 부르는 눈짓이 들릴 것 같아
행복한 두려움 몰려오는 10월의 밤에
그냥 생각이 가는 데로 바람 되어 흐르게
내버려 두세요.

예감

떠나면서 그는 말했다.
우리 늘 깨어 있는 삶을 위해
당분간은 만남을 보류하자고,

늘 피곤해진다.
잠든 나를 깨우는 전화
깊은 밤 세상 밖 어데서 왔나.
좋은 시는 예감으로만 찾아오는 만남이다.
보았던 만지고 싶었던 그대
정말 오랜만에 찾아 온 밤이슬 같은
깊은 밤에 아무도 찾아오지 않는 나에게
걸려오는 전화 있어 반갑게 받았다.

나를 비난하며 앉아 있으면

나 너무 감정적이야.
감정적이기 때문에 정리되지 않은 정 잔뜩 품었다,
아름다운 정서로 정리되기 전에 뱉어버린
말들이 당신을 너무 피곤하게 하고,
너무 허점투성인 걸 알지만,
걸러지지 않은 채로
늘 잔뜩 쏟아놓고 마는

내 마음의 잔영,
마음을 비우고 앉아 있으면,
불안만큼 가진 게 없는 순수는 있어
그리고 당신의 결벽증과 매번 충돌한다.
좀 다듬고 세련되게 말하지 못하고 오늘도
허무를 쌓고 있나봐.

외로워지는 연습
외로움이 사치가 아니기에
진정 외로움 속에 당신이 주고 간 것들을
생각해 본다.

견딜 수 없을 만큼 외로워지는 때는
어떡하지.
나도 어디론가 증발해 버릴까봐
가끔은 생각해본다.
과연 괜찮은 삶인지.

무제

사랑하는 이여
잠들지 말아요.
깨어서 눈을 깜박거려 봐요.
미안하지만 깜박거릴 땐 〈바람〉을 불러 줘요.
당신에게 점점 가까이 다가가는 숨소리,
나뭇잎 살랑거릴 때, 지나가는
로제티*의 〈바람〉을 본 이 많지만,
당신 곁에서 나부끼는 바람을 본 이
아직 없으니, 그냥 접어두시고
가끔은 꺼내 보세요.
아무 때나 아무 곳에서나
내가 〈바람〉이고 싶은 건
설문대할망이 나에게 준 영력이기도 하지만,
한라산을 흔들던 객기는 아니어도,
그 작은 움직임이 사랑임을
알았기 때문이죠.
잠들 때는 끌어다
눈짓보다 더 큰 몸짓으로
윙윙거리는 바람소리뿐인 현실의 껍질을

벗어버리고 마음으로나마
두렵습니다. 껍질이 벗겨질 때마다
라이너마리아 릴케의 시 〈정야〉**에서처럼
천리 밖처럼 머리서 눈감는 소리,
당신이 나를 부르는 눈짓이 들릴 것 같아
행복한 두려움 몰려오는 10월의 밤에
잠시만 눈짓으로나마 보내는
사랑의 메시지를 나무라지 말고
그냥 생각이 가는 데로 바람이 되어 흐르게
내버려 줘요. 메시지가 왔다니 우선
메일을 보낼게.
11시 28분 바람 보냄.

* 영국의 시인, "누가 바람을 보았나. 아무도 몰라. 하지만 나뭇잎이 살랑 살랑 흔들릴 때, 바람이 거길 지나가고 있지"라는 시가 있음.

** 너무나 고요한 밤, 천리 밖에서 임이 나를 생각하며 눈을 깜빡거리는 소리, 나를 부르는 듯 숨소리가 들리는 듯 고요하다는 표현, 아무도 흉내 낼 수 없는 사랑하는 마음을 표현한 시라 생각됨.

바다 그리고 그리움

- 친구여, 오랜만에 바다 그리움을 시에 담았네.
5월 25일 어둠이 내리면, 오게. 낭만의 밤을 기다리던 친구여,
옛 추억을 더듬어 갤러리 〈바다〉에 모이세.

지난 토요일은 견딜 수 없었네.
그리움도 외로움도 견딜 수 없는 고통이었어.
왜 그랬는지 몰라.
그대 떠나버린 자린 더욱 쓸쓸히 빛나고,
이유 없이 서글퍼 세상 저편을 서성거렸지.
어린 왕자 홀로 사는 외로운 별 가까이 있어,
금요일은 늘 막차를 놓치던 친구들과
오늘과 내일 중간 간이역에서 잠시 만나도 그냥 좋은 사람들과
신낭만주의를 위해 골까지 비운 음유시인 골수 씨와
감성시대를 열어가자며 갤러리 〈바다〉에 모였네.
지난 가을 주점 〈탁주와 빗소리〉에서 눈이 부시던 친구여,
술병에 쏟아지던 별 다 주워 담진 못할지라도
빈 술잔에 꿈을 담고,
낭만을 위해선 조금은 바빠야 한다며,
풀꽃이 아름다운 건 처절한 외로움이라 토를 달면서
반항인지 투정인지 모르는 난해한 취홍을 돋우며,
이름 모를 풀꽃 같은 친구여,

거친 목소리로 울음 반의 노랠 불렀네.
이제 바다는 그리움이 아니었고, 다만
해안에 수평선을 걸어두고, 그대와 걷는 드라이브 코스
술병에 쏟아지는 별과, 빈 술잔에 꿈을 담아,
바다 그리움 화폭에 적은 시를 술에 부어 마시며,
술은 물이외다. 물은 술이외다.
술이 물이 되고, 물이 술이 될 때까지
힘차게 외쳐보세.
신낭만주의 만세!

영(靈)가루 뿌리며

여기 뼈로 남은 영신 · 혼백님네,
한 오름 아끈 오름 곶자왈에,
그리고 짙고 푸른 바당에서
소주병에 삼동낭용얼래기 묶어
바다에 흩어진 영(靈)가루에 혼 씌워 와서
매치매장(짚인형) 열두 모작으로 묶어
염을 하여, 칭원하여 맺힌 한과 부정을 씻고,
저승 상마을로 나비처럼 훨훨 날아가시라고
삼촌 조캐 오누이 홀목 심고,
이제랑 맺힌 간장 애산 가슴 잔질루왕
가슴 확 헤쌍 실컷 울고 가시라고,
해원하고 상생하는 굿을 마련하게 되었습니다.
아직도 구천을 떠도는 서러운 몸천들,
한라산에서 죽어 곶자왈[정글] 바람 속에 묻고,
바다에서 죽어 절고개[波濤] 물길에 묻은
조상님네 옵서옵서 청하옵니다.
"신 질을 발롸야(신 길을 바르게 잡아야)" 자손들 앞길도 바르게 열린다며
4·3 해원상생을 위한, 차사영맞이굿 삼석을 울립니다.
눈물수건 드리오니 눈물수건으로 눈물 닦으시고

똠든 의장으로 뻐를 싸
얼었던 몸 녹이고, 언 마음 풀어서
맺힌 간장 다 풀고 가십소서.
제석궁 언월도로 가시덤불 베어 눕혀
광목천 풀어 올궁기 씰궁기 메우고
저승 가는 길, 시왕다리를 놓겠습니다.
네 날개 돋은 나비 하올하올 날아,
저승 가는 길, 나비다리 놓았으니,
한으로 무거운 몸, 질고 부정한 육신을 벗고
삼촌 누이 홀목 심고 저승 상마을로
도올라 환생하옵소서.

비 오는 날 카페에서

밤엔 비가 올 거예요. 하늘이 까맣잖아요.
비가 오면, 미친 듯 걸을래요.
빗발 사이로, 비속을 스치며 골목을 넘고,
비 밭에 누워 당신이 하늘에 쓰다 둔
색 바랜 미완의 시, 꺼내 다시 쓰기로 해요.
꿈과 사랑 그리고 미움까지도
어둠 속에 빛을 쏟는 야광충의 네온 아래
비 오는 오늘 밤엔, 쓸쓸한 거리의 사람들
좋아하다 사랑하고 떠나버린 이야기를 주워
서글프지만 튼실한 사랑의 시를 쓰기로 해요.
그대와 나는 교신을 합니다.
이승과 저승 그리고
바람과 억새 숲에
우리들의 의미 있는 기호들을
무작위로 뿌립니다.
나비들 날아와 다리를 놓았고
저승사자들 화려한 도시의 술꾼들과 잔을 나누고
오늘도 우리들의 얘기는 계속됩니다.
그런데 조금은 염려되는 일이 생겼어요.

당신이 기다리는 카페에서,
오늘은 갑자기 올 수 없다는
그리고 교신이 끊겼어요.

바바리코트 깃을 세우니,
어디선가 바람이 불어와 우리들의 가슴을 치네

사랑하는 친구여,
오늘 밤은 모두 바바리코트 깃을 세우고,
"바람은 아름답다" 며 미쳐들 보세.
착각이어도, 신바람 났으니 얼마나 좋은가.
70년대 초, 소라다방 앞, 막걸릿집 〈여명〉 같은
젊은이들 모이는 시청 후문 뒷골목,
외로움에 멍든 친구들 〈깔아놓은 멍석〉에 모여
시대를 한꺼번에 역행하여 낭만의 시를 외치며, 절규하며,
취하여 내가 도는지 세상이 돌았는지 모르지만,
낭만을 위하여 골을 비운 친구여,
이별의 손수건 흔들며 떠난 30년 전 그대가
늙었지만 변치 않은 꿈과, 기쁨으로 돌아왔구나.
엇그제 되돌아온 수취인 불명의 편지 다시 꺼내 읽으며
낭만을 이야기하는 그대, 운명 같은 친구여,
35년 전, 우리는 그때,
유행하던 먹물들의 필독서 실존주의와 부조리,
알베르트 카뮈의 〈시지프스 신화〉를 던져버리고,
혁명처럼 우리들의 신화,
변치 않는 우리들의 신화를 쓰자며

새로 쓴 〈청개구리 신화〉 원고뭉치를 들고
소라다방 거리를 주름잡던 골빈당 시절,
달변도, 광기도, 슬픔도 다 접고,
청개구리 신화를 쓰던 20대의 객기와
낭만을 다시 찾아 이렇게 왔네.
비울 거 다 비웠으니
이제 비로소 취할 수 있겠구나.
그런데 나는 술잔 바라보며 죽음을 생각하는
늦가을의 바람이 되었네.
나와 골빈당의 깃발과 때 묻은 바바리코트만
골빈당과 함께 있구나.
골빈 친구들이여, 다시 한번
골을 비우자. 한류열풍이여.
골빈 사람들이여, 영원하라.

산지항 밤안개

내 이름은 산지항 밤안개
슬픈 꼬리표처럼 달고 사는 내 별명은
마뱅이와 영등바람 그리고 구라형이 지어 준
필명 이길 승 별 규 勝奎와
외젠 다비의 북호텔을 닮은 소설 한 편 쓰라고
지어준 산지항 밤안개,
밤안개처럼 선창가를 헤매던 날 언제인데
소설 남양여인숙은 가슴에 묻혀있고,
소금기 마르지 않은 옛 추억을 뒤지며
무적이 피어나는 안개 속을
아직도 떠도는
여인숙 보이

눈마을 소식

눈마을을 떠났던 뜨내기 또 왔소.
눈꽃 피는 마을 선흘2리 내 살던 곳, 그리웠소.
너무 슬프도록 아름다운 이곳 선흘2리
주아네, 이선생네, 죠수아네, 운전수네 모두
안녕하였네. 이제야 인사드려요. 너무 오래 적조했지요.
주마등처럼 스치는 장면을 스케치하니
과거 속으로 사려져버린
추억은 너무 아프다.
가스바다 야스나리의 〈설국〉에서
기차가 국경을 넘으니 〈설국〉이었다.
아주 먼 옛날의 눈꽃 피는 마을
이곳엔 로사네 식구들이 살고 있었지.
어느 날 그들은 이곳을 떠났고
이후 간 곳을 몰랐고,
……

이별, 그 이후

참 부드럽게도
떨어지지
잎 진
하늘 담은 빛, 그 자리
넓고
환하다

공연은 끝났고
주인공들은 무대 밖으로
하나, 둘 사라지고

다시 무대 위로 올려질
누군가를 기대하며
부드러운 미소로
비어가는 객석을 바라보며
자리 털고 일어섭니다

겨울, 혹은 내년 봄쯤
새로운 모습으로

새롭게 만날
무대 위 주인공
너이기도
나이기도 한
오랜 농담 같은 이야기

음악은 여전히 흐르고 있고

푸른 그늘

(1) 바다

1
그대 눈에
비린 안개 흐르다.
혼 부르는 피울음
가슴에 남긴 자국
소리의 날개 파닥이다
어망에 걸려 찢어지다.

2
광목 아흔아홉 통의 외설처럼
아름답게 칭얼대는 바다,
바다 비늘 벗겨져
잡스럽게 안개 울고
왜, 왜, 작은 가슴 설렐까
몰라.
바다여.

3

그것은
소리가 아님
빛은 더욱 아님
살아 움직이고 있음.
살아 움직이는
난시인 그대 귀 끝에
묻어 있는 환청
뚜-

4

서러울 때 울어요.
무너지는 하늘
뚫린 바다
썩은 간, 살과
눈을 감고

철없이 만나
입술 떨던 당신이 본

불행한 바다
지워버려
쓸쓸히 지워져버린
안개와
나
그리고
그대

5
해일과
죽은 꽃향기
바다빛에 멍든
비바리의 넋, 신기루
백골보다 고운 이여도
서정가 되다
이여이여 이여도산아
이엿말은 말아서 가라
하얀
꿈 깨물며

노래하는

6

아-

어둠 속에서

나 그대를 보았소.

빛을 삼킨 바다에

한라산이 둥둥 떠가고

하얀 소복의 그대가

산호꽃 들고

계곡의 어둠 속에서

나 그대를 보았소.

이승과 저승

다 사람이 살고 있었어.

(2) 오름

매일 오름은 일어나
굼부리를 털고
하늘을 여는 다리를 놓고
오름은 걸어간다.
오천 년의 아침은 늘
그렇게 시작한다.

오천 년 전
설문대할망
오백장군 먹일 죽솥에 팥죽 쑤던
한라산의 기운으로

아들 열여덟
딸 스물여덟
손주 삼백이른여덟
노루를 따라
억새숲 따라

팥죽 쑤는 어머니의 어머니
설문대할망 놓은 다리를 지나

곶자왈

(3) 바람

제주 바람의
푸른 이끼가 낀
역사도 자연도 우리에게 베풀지 않는데
언제나 설문대할망 같은
따뜻한 여인 곁에 있어
제주는
바람 곁에서
바람을 걸으며

하늘나무에 걸린 일요일 낮달

인적 없는 산길 혼자 걷는 당신을
만나려고 억새꽃 눈부신 들판에 왔어요.
생전에 언제나 산행이 눈물겨웠던 당신,
낙엽 지는 산 쓸쓸히 젖어가는 오후에
아이와 여자가 없는 이승의 동쪽 끝에 오니,
하늘엔 빛 설은 낮달이 무심하게 걸려 있네요.
아, 저게 우주의 나무인가 봐.
낮달이 걸려있는 하늘이 나무라면
하늘로 가는 저승길 '노각성 줄다리' 는
하늘 끝 구름 속으로 당신을 좇아가면 이를 수 있을까.

난 하늘나무에 걸린 일요일 낮달을 보았고,
억새꽃 바다는 하늘에서 흔들리고 있었어.
두 개의 세계가 질주하는 평행선은 더욱 골이 깊어
어젯밤의 외로움, 그리고 한낮과 밤의 그리움까지
가지고 돌아와 가을의 들녘 당신 곁에서,
당신의 그림자를 밟으며 맘껏 행복할 수 있었지요.

인적 없는 산길을 당신과 헤매는 게 너무 좋아

오늘도 꿈을 꾸었으니,
겨울엔 꿈을 지워도 좋을 것 같아요.
꿈을 지운 큰 그늘은 바람의 낙서장으로 두고
돌아가 우리 계속 살아있어도 좋을 흙집 하나 마련하여
당신과 다시 살 수 있다면,
그건 진실이어도 좋고, 당신이 두고 간 낙서여도 좋고,
시처럼 속삭이는 당신의 얘기 다시 들었으면 좋겠어.
다 지워버려도. 다시 또렷이 살아오는 바람 소리는

충청도에서 온 편지

그날 밤이 그리워 나는
당신의 꿈속으로 편지를 띄웠어요.
며칠 후, 무심천 단풍잎에 쓴
당신의 편지를 받았습니다.
느낌으로 전해오는 따뜻한 마음은
정말 뜻밖의 행운이었습니다.

지나가는 바람 같이 적어 보낸다는 당신의 시는
그날 밤 이후 어렴풋이 예감하고 느꼈던
당신이 아직은 내게 보여주지 않은
오랜 시간이 잠자고 있는 깊은 우물 속에
퍼 올리면 쏟아질 감성의 시편들을
미리 읽는 기쁨이기도 했습니다.

외로움과 그리움이 하나 되어 찾아올 당신을 두고
바람으로 머물었던 청주를 떠나며,
당신이 정말 아주 오래전부터 알았던 친구 같아
언제 어디서나, 이승이나 저승이나,
자유롭게 오갈 수 있는

시간과 공간에 맡겨둡니다.

오랜 침묵은 침전하여
외로움과 쓸쓸함으로 견고해진
오래된 정원 우물이 있는 집 문설주에
기대어 수런거리는 바람이 되어 바람의 말로
군밤 닷 되를 심어 끝없이 도란도란
엮어가고픈 가을밤의 꿈을,
이 가을에 충청도로 띄웁니다.
다시 만날 때까지 건강하세요.

질치기* 2

사랑하고 같이 사는 게 힘겨워
저승으로 떠나가는 당신 그림자를 붙잡지는 않았어요.
이승에서 손짓하는 내 그림자 홀로 서러워도
이승에 미련 남기면 저승 갈 수 없을 테니
그냥 보내드리고 이승의 시간도 꽤 흘렀습니다.

세 번째 맞이하는 가을인데
비에 젖거나, 바람 끝에서
비새[悲鳥]는 늘 찾아와 슬피 울어,
사랑은 더욱 사무쳐 한으로 쌓였으니
아이들과 함께 사랑과 슬픔을 담아
당신을 위한 시 한 편 지어
당신을 위한 〈질치기〉 통일굿을 마련합니다.
당신이 두고 간 따뜻한 마음을 새기며,
추석에 모인 우리 아이들과 함께
남북으로 흐르는 다리 하나 놓으렵니다.
당신을 사랑했기에 진정 행복했다는
이승의 사랑과 슬픔이 엮어낸 통일의 다리로,
이승과 저승을 잇는 신길을 닦으렵니다.

심방[神房]은 '시왕다리' 에서 춤추고
소미[小巫] 백지 뿌려 〈나비다리〉 놓으니,
당신은 나비처럼 하올하올 날으고,
당신의 혼불 타올라,
저승 시왕문 열리고 당신이 오시면,
사랑하는 당신을 맞이하는 기쁨도
역사가 되어버린 세월을 바라보며,
당신을 만날 날들을 헤아려 봅니다.

* 길 닦기.